## ... et à quelle histoire ils appartiennent ?

ET LE TAM-TAM - E1 : Boubam - E2 : Petit Singe - E3 : Le Féroce Lion - E4 : Le Fourbe Chacal - E5 : Le Rusé Serpent - ELOI ET LE CHAMOIS - F1 : Eloi - F2 : Le petit chamois - F3 : Petit Ours - ros loup - GALOU LE BERGER - G1 : Galou - G2 : Le petit mouton blanc - G3 : Le berger des étoiles - LEILA ET LA BALEINE - H1 : Leïla - H2 : La baleine - H3 : Le vieil homme - H4 : Le chasseur de - PITOU L'ENFANT ROI - J1 : Pitou -J2 : Violette - J3 : Tout-Rond - J4 : Plumeau - J5 : Shampoing - J6 : Le dragon du ciel - J7 : Le dragon de la mer - J8 : Le dragon de la terre -

Au village, le soir, on raconte aux enfants
l'histoire de Lucine, la belle ondine.
On raconte aux enfants qu'au fond de la rivière,
parfois, Lucine chante.
Et le chant de Lucine est si beau
qu'il attire tout enfant qui l'écoute.
Tout au fond de l'eau, il l'attire et,
tout au fond de l'eau, un large tourbillon l'emporte pour toujours.

Voilà pourquoi, au bord de la rivière,
jamais on ne voit d'enfant se promener tout seul.
Jamais, sauf Malo.

# LUCINE ET MALO

Une histoire de Jean-Pierre IDATTE
illustrée par Michel TRUBLIN

UN LIVRE 3 CHARDONS

Au bord de la rivière, chaque matin, Malo est là.
Avec sa canne à pêche, en silence, il attend.

Mais la rivière est calme, toute plate et sans vie.
La rivière est trop calme depuis qu'un lourd torrent a recouvert de boue le joli sable blanc, tout au fond de son lit.
Sous le torrent de boue, la rivière se meurt.
Depuis longtemps déjà, tous les poissons ont fui.

Et pourtant, chaque matin, Malo est là.
Chaque matin, il attend qu'apparaisse Lucine
pour la voir toute belle et l'entendre chanter.

Hélas ! dans la rivière, jamais, il ne l'a vue.
Dans la rivière, jamais, il ne l'a entendue.

Mais ce matin, dans l'eau calme, soudain,
la canne de Malo tremblotte et puis s'agite.
Soudain, elle se courbe et puis se dresse.
De droite et de gauche, sur la berge,
elle entraîne Malo.

C'est Lucine ! À travers l'eau, Malo l'a vue.
C'est Lucine ! Avec sa canne, elle joue.

Et Malo, tout surpris, en perd son équilibre.
Tout surpris et ravi, Malo en tombe à l'eau.

Dans l'eau, tout aussitôt, Malo poursuit Lucine,
s'en approche et la touche presque.

Mais Lucine se glisse et se faufile.
Dans une gerbe d'eau, toujours, elle lui échappe.

Et puis, Lucine flâne, fait semblant de souffler,
attend un peu Malo... et se laisse attraper.

Sur la berge, à présent, Lucine sourit à Malo.
Mais derrière son sourire, Lucine est triste.

Avant le grand torrent de boue, Lucine a ramassé
les plus beaux grains de sable de toute la rivière.
Dans un coffre de bois, Lucine les a gardés.
Et tous ces grains de sable pourraient couvrir la boue
et sauver la rivière.
Mais dans la boue épaisse, le coffre a disparu.
Et derrière son sourire, Lucine est triste.

Alors, Malo se penche et l'invite à chanter.
Mais Lucine, aussitôt, se fait plus triste encore.
Depuis le grand torrent de boue, jamais plus elle n'a chanté.

Et puis soudain, Lucine s'échappe.
Tout au fond de l'eau, elle descend
pour chercher dans la boue, le grand coffre de bois.

Depuis longtemps déjà, Lucine le cherche.
Et de tant le chercher, Lucine est fatiguée.

C'est alors que le coffre, enfin, lui apparaît.
Pour le sortir, Lucine se penche.
De toutes ses forces de petite ondine, elle le tire.
Mais le coffre ne bouge pas.
De toutes ses forces, alors, Lucine tire encore.
Mais le coffre est trop lourd et Lucine trop faible.

A présent, Lucine doit partir,
abandonner le coffre, la rivière et Malo.
À présent, Lucine doit fuir
et quitter sans tarder cette boue qui l'étouffe.
Dans le courant troublé, Malo la voit glisser.
Au fil de l'eau, sans force, elle se laisse emporter.

Alors, sans hésiter, d'un seul bond, Malo plonge.
Le coffre de Lucine, il veut le remonter.

Mais la rivière est bien profonde
et le coffre bien lourd pour un petit garçon.

Pourtant, sans hésiter, dans l'eau, Malo s'enfonce.

Et tout au fond de l'eau, Malo saisit le coffre.
De toutes ses forces de petit garçon, il le tire.

De toutes ses forces, il le tire et le tire encore.
Et le coffre, enfin, s'arrache à la boue grasse.

Aussitôt, Malo soulève le coffre et, vers la berge, il le porte.
Mais déjà le souffle lui manque et, dans l'effort, Malo étouffe.
Pour vite respirer, Malo veut tout lâcher.

Pourtant, Malo tient bon.
Sur la berge, il dépose le coffre et,
sur la berge, enfin, il respire.

C'est alors qu'à peine sorti,
le grand coffre de bois s'ouvre.
Dans l'eau, il laisse couler un large flot de sable
qui brille et qui scintille tout comme un sable d'or.
Et tout ce sable d'or s'étale au fond de la rivière.
Tout au fond de la rivière, il s'étale et,
d'un beau tapis clair, il recouvre toute la boue...

Alors, du fond de l'eau, s'élève un chant très doux.
Dans la rivière toute claire, Lucine est revenue.
Dans la rivière toute claire, à nouveau, elle chante.
Et le chant de Lucine est si beau qu'il attire Malo.
Pour mieux l'entendre, au bord de l'eau, Malo se penche.
Pour mieux l'entendre, dans l'eau,
Malo s'avance puis, lentement, descend.

Et Malo descend tant et tant que,
tout au fond de l’eau,
un large tourbillon l'emporte pour toujours.

Mais tout au fond de l'eau, Lucine est revenue.
Et tout au fond de l'eau, Lucine a vu Malo.

Alors, près de Malo, Lucine se penche.
Dans ses bras, elle le porte.
Et puis, tout doucement, du fond de la rivière,
Lucine sauve Malo...

Au village, on raconte qu'elle peut faire cela, Lucine.
Elle peut faire cela, parfois, quand elle aime d'amour...

Depuis que le sable d'or a recouvert la boue épaisse,
dans la rivière et tout autour, tout bouge et tout s'anime.

Depuis que le sable d'or brille tout au fond de son lit,
tous les poissons sont revenus et la rivière a repris vie.

COMPAGNIE

3 chardons

le spectacle à l'école

# Les spectacles à l'école

De tout temps, les écoles maternelles et primaires ont ouvert leurs portes pour accueillir des spectacles susceptibles de participer à l'éveil des enfants dont elles ont la charge. Des compagnies théâtrales professionnelles ont choisi de consacrer toute leur énergie à ce public et de se déplacer dans les établissements scolaires. Par leur diffusion populaire, ces compagnies permettent à tous les enfants de France, quelle que soit leur origine socio-économique et quel que soit leur lieu de résidence, de découvrir et d'apprécier des spectacles vivants tout spécialement conçus pour eux. Sans ces compagnies, 95 % des enfants de 2 à 8 ans ne verraient jamais aucun spectacle vivant adapté à leur âge.

Depuis 1973, les 3 CHARDONS participent à cette diffusion populaire. Ils se sont organisés comme une véritable entreprise afin de toujours garantir la qualité de leurs productions, et ce tout en pratiquant des tarifs abordables pour tous.

Après quarante années d'existence, et malgré les difficultés économiques que rencontre toute compagnie théâtrale, les 3 CHARDONS veulent rester fidèles à leur démarche originelle. Avec la fidélité des enseignantes et des enseignants qui leur ont toujours fait confiance, ils veulent continuer à réaliser des spectacles complets basés sur des histoires construites et présentés par des comédiens professionnels, avec des décors, des marionnettes, des musiques tout spécialement composées, etc. et ce pour le plus grand plaisir de tous les enfants.

 - ISBN 978-2-86358-139-1
Dépôt légal septembre 2005 - Loi 49956 du 16 juillet 1949 sur les publications destinées à la jeunesse
Imprimé en Belgique 
licences n° 1046239,40 et 41
LM LC 1708

# et leurs prolongements

## Les livres

Les livres 3 CHARDONS permettent aux enfants de retrouver tous les personnages du spectacle et toute l'émotion qu'ils ont ressentie pendant la représentation. Ainsi le plaisir des enfants peut-il être mis à profit pour prolonger la démarche entreprise par l'école : développer leur intérêt pour le livre et la lecture.

## Les CD

Les CD 3 CHARDONS permettent aux plus petits de bien prendre le temps de découvrir le livre tout en s'imprégnant des rythmes de la lecture. Ils permettent aux plus grands de ressentir tout le plaisir et toute la poésie de ces rythmes inséparables d'une bonne lecture.

## Les spectacles à la cachette

Tous les spectacles 3 CHARDONS sont régulièrement présentés, à l'intention des familles et en dehors des jours scolaires, dans les deux salles de spectacles créées par la compagnie à Paris et Nancy.

Plus d'informations : ***www.lacachette.fr***

# Sais-tu qui sont tous ces personnages ...

LE BEL OISEAU - K1 : Petit Louis - K2 : L'oiseau de Petit Louis - K3 : L'oiseau de Monsieur Louis - K4 : L'oiseau de Père Louis - GIGOTE ET LE DRAGON - L1 : Gigote - L2 : Le grand-père - L3 : Les trois m
L4 : Le dragon - LUCINE ET MALO - M1 : Lucine - M2 : Malo - MIRABELLE ET SES AMIS - N1 : Mirabelle - N2 : Pistache - N3 : Capitaine Trompette - N4 : Madame Mapoulette - N5 : Poltron - N6 : Vaurien - N7 : Tire-b
N8 : Tibou - N9 : Zanzibar - MONSIEUR LE VENT - O1 : Monsieur le vent - O2 : La petite fille - O3 : Les deux noirs dindons - O4 : La poule - O5 : L'oie - PAILLASSE L'EPOUVANTAIL - P1 : Paillasse - P2 : Armand l